ILK PARVOZ

Saidqulova Nozima

© Saidqulova Nozima
ILK PARVOZ
by: Saidqulova Nozima
Edition: July '2024
Publisher:
Taemeer Publications LLC (Michigan, USA / Hyderabad, India)

© **Saidqulova Nozima**

Book	:	ILK PARVOZ
Author	:	Saidqulova Nozima
Publisher	:	Taemeer Publications
Year	:	'2024
Pages	:	80
Title Design	:	*Taemeer Web Design*

Behbudiy nomi sharafli shoni

Dunyoni lahzaga keltirib bir on,
O`z bilimin ila yaratmish yurtni.

Maqsad aniq, yakkadir tanho,
Kelajakni ma`rifatli etmoq istagin.

Jaholat, ilmsizlik, mavh bo`lsin deb,
Ma`rifatni bunyod etmoq talabin.

O`z qalamin ila yozmish asarlar,
Asarlar, qatrinda buyuk darsliklar.

Asarlar so`zlaydi buyuk tarixni
O`zlikni anglash asos maqsadin.

,,Risolayi asbobi savod`` bo`ldi,
Maktablarg`a ulkan qamal tosh.

Buyuk ,,Samarqand``, ,, Oyina`` qaydadur,
Ma`rifatning buyuk, ko`zgusi jamdir.

Usuli jadid maktablar qayda,

Padarkushdek buyuk drama qayda.

Xalqni ko`z yosh ila chorlagan zinda,
Ilmsizlik so`zin yetkazgan jonga.

Dunyoga dong`i ketib shu onda,
Sahnani titratgan drammalar qayda.

Qarshi shahrinda abad hukumdir,
Behbudiy nomi sharafli shoni.

O`zlikdan kechib unutib bir zum,
Yaratdilar usuli jadid maktabin.

Onajonginam

Har nafasida ufurib turar,
Mehr ila boqqan ko`zlari.
Quvonchlarga to`lib boqadi,
Jajji qo`llarimdan tutib ohista.

Sekin jilmayib kulib quyadi,
Dunyolarga sig`mas mehribonginam.
Meni borligimdan quvongan onam,
Suyanchig`im hayotimda bir donam.

Dilim, ko`nglim, ko`zlarim to`la,
Sizga aytolmagan hislarim to`la.
Har bir yutug`imdan quvonchi to`la,
Onam, Onam, Onajonginam.

Vaqtlar shuvillab o`tdimi bir zum,
Nahot endi jajji bo`lolmaymiz.
Bag`ringizga quyib, sekin bosh,
Xafa bo`lib yig`layolmaymiz.

Yillar utdi, ulg`aydik bir on,
Huddi sizdek, bo`lib qolyapmiz.
Qancha qiyin bo`lganin sizga,

Yuragimizda sekin, bilib boryapmiz.

Matonatingiz ongu shurimda,
Bergan 3 o`gitingiz maqsad onimda.
O`rgatgan to`g`ri yo`lingiz mangu jonimda,
Onam, Onam,Onajonginam.

Injudek so`zlar

Dilimdagi bu so`zlar,
Ko`chsa mudom tilimga.
Zanjirdek bog`lanadi,
Tiziladi, injudek.

Qo`lin tutib ularni,
Tushirsam gar qog`ozga.
Bular go`zal, xushchiroy,
Ajib to`trlik, bayotdir.

Chinoroyim

Sochlari ortida, bordir,
Xunuk chehrasi.
Aritgin bul, mish mishni,
Chinoroy, go`zaloyim.

Soylarni oqiz o`ngga,
Qushlar makon qurmasin.
Suluv sochlaring aro,
Ko`rsatgil ul chehrangni.

Seni ko`rgan mazlumlar,
Qolsin lol-u hayronda.

Hayot zarvaraqlari

Hayot zarvaraqlarin, behos varoqlab,
Mungli ko`zlar ila, mayus boqaman.

Kecha kelgan edik zangor dunyoga,
Bir on tuxtamasdan o`tdimi yoshlik.

Qaygadur shoshdik-u manzil noaniq,
Yelib yugurdig-u, maqsad noaniq.

Hayot bir zumlik oqar daryodir,
Nahot endi qaytmas sokin bolalik.

Bir onda shoshib, lek o`tmog`i bor,
Hayot zarvaraqlarin to`ldirib baxtga.

Baxtni qo`lin tutib quvonchga taxtga,
Uyaltiring shu on qayg`uli damni.

Sizga yuzlanmoqchi bo`lgan so`zlarim,
Intiling, rivojlaning also tuxtameng.

Zero bu sokin diyor siz-u bizniki,
Hayot zarvaraqlarin porlasin nurli.

Onajon
[Onamga atalgan]

Bir on ko`zlariga tikilib turib,
Dunyolarga sig`mas mehr ko`raman.
Shunchalik mehrni olgandir qaydan,
Men sizga o`xshashni istayman ona.

Matonat, eng katta sabr mujassam,
Qayg`uli damlar tark etar shu on.
Shodlikka to`ldirar munis onajon,
Men sizga uxshashni istayman ona.

Tikilib ko`z uzmay boqib turaman,
Yo sehrgarmi bilmay qolaman.
Nahotki shunchalik bo`lurmi inson,
Yo farishtami bilmay qolaman.

Balki irodasi yaralmog` toshdan,
Uzoq termilib boqaman ma`yus.
Savollar qolar, hech bir javobsiz,
Men sizga uxshashni istayman ona.

Sizga hech bir so`zni attang aytmabman,

Hayollar dunyoni kezmoq istaydi.
Ortimda qalqonim,duoguyim onajon,
Rahmat hayotimda borligingiz uchun.

Buloq

Bir buloqning bo`yiga,
Turar homish bir go`zal.
Qoshlari kamon, ko`zlar sehrli,
Tikilobon buloq suviga.

Durlardek tomchilar tim-tim,
Ko`z yosh ila so`zlar ma`yusda.
Buloq hayron, go`zal yuziga,
Nega ma`yussan, der har chan,

Go`zal boqib, so`zladi bir dam,
Hoy buloqjon, jon buloq.
O`zingsan, rostgo`y hamdilim,
Olislarda boqiboq,
Menga keltirgin bir xush xabar,

Otam, yo`q hech nishon,
U bo`lgan yerlarda,
Sen bo`lgaysan-ku, axir.
Iltimosim, qabul et.

Jon buloqjon, buloqjon,
Olis yurtlarda bo`lgin sen.

Va keltirgin, bir xush xabar,
Sendan iltimosim, shu.

Buloq sekin irg`anib,
Boshin siqqanday tulg`onib.
Berib quydi, ishora,
Qabul etdi taklifni.

Do`stlik
[Sunnatillayeva Mavludaga]

Hayot, deb atalmish bir yo`lga chiqdik,
Cheksizlikka yo`g`rilganmi hech bilolmadik.
Tikildik balkim ko`rarmizmi deb,
Lek, ko`rinmas manzilning boshi.

Qo`limdan tutding-u, berding ishonchni,
Sinovli kunlarda bo`lding yonimda.
Ba`zan kuldik, hurram kunlarda,
Ba`zan ko`z yosh ila, keldi ham kunlar.

Yiqilgan onimda bo`lding suyanchim,
Yonimda turding bo`lib yelkadosh.
Ishonch ila bosgan har qadaming,
Menga keltirdi bir olam baxtni.

Do`stlik zanjiri bog`lanmish jonda,
Ko`zda emas, yuzda emas, so`zda emasdir.
Jonga jon ulangan mangu rishtadir,
Seni borliging ulkan sadoqat asli.

Hali ko`p davonlar oshib yashaylik,

Bilimlar koniga shung`ib yashaylik.
Kelajakni bunyod etib yashaylik,
Haqiqiy do`stlik atalmish seni..

Qalb nidosi

Yoding dilimda, mangu yashaydi,
Armonlar qo`lin, tutib yashaydi.
Yonimda yo`q san–u, yoding dilimda,
Seni sog`inib mangu yashaydi.

Dilimda isming tinmay jaranglar,
Iforing kelsa ko`zlar izlaydi.
Nogoh, nigohlarim sen tomon boqar,
Qalb esa og`rinib mangu yashaydi.

Yonimda yo`qsan-u, sevging jonimda,
Ayriliq hamrohim bular shu onda.
Qo`llarimdan tutar, boqib ko`zimga,
Men esa gumroh, izlayman seni.

Sen o`zga qo`lin, tutatarsan kulib,
Meni qorong`u, tunlar allalar.
Sen bo`lgan joydan izlayman seni,
Sen esa shodon, yashaysan kulib.

Qalb esa tinmay, izlaydi seni,
Gunohim ko`p bo`ldimi, bilmam.

Lek, bilgayman seni, yagona,
Eng katta gunohim shudir aslida.

Qalb o`z nidosida, mungli yig`laydi,
Bir on tinmasdan seni izlaydi.
Bu yolg`on dunyoda seni axtarib,
Seni yo`ling ila, izlab yashaydi.

Orzular

Orzular sari ergashaymi yo,
Maqsadlar sari ergashaymi yo.
Hech yonga boqmasdan,
Bu dunyo zarlariga aldanaymi yo.

Yoshlik esa o`tmoqda bir zum,
Ortga boqmas bilmam negadir.
Men esa orzu deb quchmoq istagim,
Maqsad sari intilmog`imdir.

Atrof to`la shipir-shipirlar,
Hattoki fasllar ham, o`z siymosida.
Kelib ketar bir asnosida,
Biz negadir hayron turibmiz, hanuz.

Maqsadin bittadir, yagona etmish,
Yurtimiz go`zalligin etmish charog`on.
Har bir onda orzular bo`lmish,
Yuksaltirmoq ezgu niyatdir.

Xusnora qiz
[qadrdon Xusnoraga]

Shadodlik, quvonchlar bari unda jam,
Bir jilmayish ila, etar mubtalo.
Soddalik, beg`ubor turfa ranglarda,
Ko`zlarni quvontirar Xusnora qiz.

Shag`tam-shag`tam qadamlar ila,
Maqsadlar sari, go`zal qadamlar.
Hayotda ildam orzular sari,
Go`zalligi kengdir Xusnora qiz.

Go`zalligi tengdir ajib gullarga,
Yuzlarida kulgu, yog`ilmish nurlar.
Shadodligi ila mehr ulashar,
Tafti qaynoq Xusnora qiz.

Mehri daryo, bir daryo misli,
Yaxshilik qilishdan aslo tolmaydi.
Kulgichida bordir sehrli mehr,
Qalblarni mehrga to`ldirgan bu qiz.

Xush kelding bahor

Erta tongda mayin shabboda,
Esib sekin keldi ohista.
Qulog`imga aytdi shipirlab,
Bahor keldi, keldi bahoroy.

Ne ko`z bilan boqaman sekin,
Go`zallik avj o`rar xush sur`atlarda.
Qushlar sayrar baralla ovozda,
Falakni to`ldirib, charaqlar quyosh.

Daryolar, dengizlar to`lib oqadi,
Baliqlar suzadi, shuxchan quvonchda.
Bolalar shodon uynar baralla,
Bayramlar boshlanar quvonchli onda.

Onaxon, Otaxonlar xursand boqadi,
Toshqozonda qaynar sumalak.
Polvonlar avjida, kurashlar tushar,
Chavondoz otini qamchilar shu on.

Olamni to`ldirding kelib mehmonim,
Hammaga ulashib quvonchli damni.
Ko`zlar kulgudan boqadi har on,
Xush kelding bahor, bahorim mening.

Opam
[Saidqulova Nilufarga]

Hayotimda bir donam,
Olloh bergan yagonam.
Bo`lmish ikkinchi onam,
Yuragim yagonasi, opam.

Qulimdan tutib, jilmayib boqib,
Ko`zlarimga qarab, quvongan opam.
Bolaligim go`zal, hamrohi,
Ibratgo`yim birdonam opam.

Singlim bor deb quvonganimsiz,
Hayotim nurlarga, to`ldirganimsiz.
Yig`laganda ovutganimsiz,
Olamlarga sig`mas, mehribonginam.

Dardlarimga malham bo`la olganim,
Meni qo`llab, tushuna olganim.
Hayot yo`limda birdonam,
Jonga jondosh bo`lmish opajonginam.

Xafa bo`lgan chog`im, bag`riga bosib,
Soddagina jilmayib, yupatkanimsiz,
Hayotda kuchligim, gulgun yuzligim.

She`riyatga oshno bu qalbim

She`riyatga oshno bu qalbim,
    Har tong tegramda turar jilmayib.

Go`zal so`zlar izlab talpinar, har on
    Yurak esa g`ovpirib urar.

She`riyatga oshno bu qalbim,
    Izlanar, talpinar go`zallik tomon.

Qayon tomon bilmam boqadi,
    Satrlarni izlaydi tinmay.

She`riyatga oshno bu qalbim,
    Mavh bo`ldi, she`riyat oldinda.

Kitoblar, she`rlar qatra-qatradir,
    Lek,yurak izlar o`z go`shasini.

Abdulla Oripov she`rlari mangu,
    Har qatrinda, ibratdan nishon.

Dam kulgu yugurar yuzga, dam qayg`u,
    So`zlaydi buyuk, kelajak ostonasidan.

Baytlar yozilmish yurak turindan,
   Yurakdan chiqqan, har bir qatrindan.

Yuraklarga yetib, aylaydi shifo,
   Ko`zlarga, yuzlarga baxsh etar kulgu.

She`riyatga oshno bu qalbim,
   Meni chorlamoqda, har ko`chalarga.

Yurardim sokinlik, izlab ohista,
   Endi bedor, utmoqda tunlar.

Yetaklaydi, go`zal turfa, manzillar sari,
   She`rlarimda bordir bir so`zim.

She`riyat olami go`zal makondir,
   Qalblarni jumbushga keltirar chaman.

Qalamkash

Qalamkash, qalamkash,
Kichik zahmatkash.
Urilib turtilib, yuraveradi,
Tinmasdan, surilib izlanaverar.

O`zi mittiy-u, olami katta,
Qalamkash deya atashar uni.
Ustozlar bor yerda paydodir shu on,
Garchi ustozlarga kichik tolibdir.

Baytlarida bordir go`zal ohanglar,
Eshitkan, o`qigan lol qolar hayron.
Satrlar so`zlaydi, ajib dunyodan,
Qalamkash qalamkash, mitti zahmatkash.

Yog'och eshik

Bobom olib taxtani,
Yasagandir eshikni.
Xona issiq bo'lsin deb,
Yopkan emish darchani.

Men edim kichik go'dak,
Eslolmadim chamasi.
Bobongdan qolgandir, deb,
Mahtay ketti, buvijon.

Zabt yasagan ekanlar,
Ranglar uziga uyg'un.
Har gal borib bqqanda,
Bo'lib qolarman hayron.

Undagi bu yozuvmi,
Yokim naqshmi, bilmayman.
Tikilib, hech ko'z uzmay,
Buvimga yuzlanaman.

Bu shunchaki qovurg'a,
Deydi, hayron buvijon.
Hammasi zur joyida,

Naqshlar esa bir jilda.

Lek, bobomning bir ishi,
Bo`lmadi hech sarishta.
G`ichir-g`ichir qilishin,
Olmabdilar, ko`z qiriga.

Qishlog`im

Qishlog`im seni yodga olaman,
Seni eslatar o`sha tor ko`cha.
Paxsa uylar-u, kichik minora,
Eslatar gar seni, oqqan ariqlar.

Eslatar seni onam kulchasi,
Qishlog` o`rtasida qad bo`ylagan o`sha,
Daraxtlar ichida, ulkan chinordir,
Shu chinor eslatar seni, dam-ba dam.

Bolalagim utkandir senda,
Yig`lab yurgan edim,sening bag`ringda.
Kulib,quvonsam ham, sen eding maskan,
Qishlog`im mening beg`uborligim.

Bir bor seni ko`rmoq armonim,
Tikilib tuymayman sur`atlaringga.
Ota qishlog`imsan, Ona qishlog`im,
Ota uyim ham turar ma`yusda.

Soddalikka qurilgan do`stlik,
Senda qoldi, kulib ohista.
Ko`chalarda yugurgan damlar,
Seni eslatar shodon, bolalik.

Fasllar tuhfasi

Fasllar mudom, quvlashib yelar,
Ayoz qish sekin, tushar gilamin.
Tog-adirlar, oppoq bo`lib, bo`rkanar
O`z taravotin sochar butun olamga.

Qahratonda, otib jajji quloqchasin,
So`ngra sekin jilmayib,kelar bahoroy.
Zaminni to`ldirar, turfa gullarga,
Dillarda esa, mayin go`zal his.

Quyoshvoy zarrin, nurlarin sochar,
Olamga issiq, taftin taratar.
G`arq mevalar pishirib shu on,
Xalqin dasturxonin etar to`kinoy.

Sekingina, bulutoy boqib,
Olamga sepmish yomg`irlaroyini.
Olamda o`zgardi, go`zallik chiroy,
Yerga baxshladi, ajib bir nafas.

Daraxtlar kiyib oldi sariq tun,
Birin ketin kelib, bo`lib mehmonoy.
Yomg`iroy esa bo`ldi mezbonoy,
Bulutoy mayingina jilmayib quyar.

So`zlar

Dilimdadir so`zlarim,
Naqt tovlanib turar xil.
Terib olib ko`rganda,
Go`zal bayot unda jam.

O'zbekman

Men o`zbekman, o`zbekman,
O`ziga bek, so`ziga boy o`zbekman.
Millati bor, bir suyuk,
Elning bir suyuk o`zbekiman.

Tarixiga egadir, ulkan va ko`xa erur,
Bir nazar tashlaganda faxr erur iftixor.
Suvidan ichkan qushlar,
Kelar qaytib makkadan.

Sayohatchilar

Yurtimiz to`ldirib keldi sayyohlar,
Manzillari turfa, ezgulik maqsad bitta.
Go`zaligin ko`rmoq, diyorimizning,
Ta`rifi borgandir, beqiyos go`zal.

Manglayidan boqqan jamoli,
Ko`hna Samarqand-u, buyuk Buxoro.
Xivani aytishga tillar ojizdir,
Lazgisi dunyoga dong`i ketgandir,
Oqsaroy nomidek, go`zal diyordir.

O`zbekiston yurti, go`zal ekan deb,
Mehmondo`st,ajoyib diyor ekan deb.
Taomlari esa turfa mo`jiza,
Mo`jizaviy yurt, ertak diyor deb.

Sayyohlar kelsin,to`ldirib yurtim,
Mehmon qilaylik, xush keldingiz deb.
Axir mehmondo`st xalqdir elimiz,
Bag`riga olgaydir hatto, xabashni.

Umr so`qmoqlari

Umr so`qmoqlari,utmoqda tekis,
Ko`rinmoqda zarrin nurlarda.
Bu so`qmoqlar, so`zlar xomushda,
Armonim bor, kemtik aronim.

Ota-ona kuyar farzand dog`ida,
Yuzida kulgu, ichinda qondur.
Farzand esa uchar,dunyo uyida,
Hayoli esa oltin durlarda.

Yuzlarida ajin, mungli ma`yuslik,
Sochlarida esa oraladi oq.
Ma`rifatni o`rig`in sochgan ulug` zot,
Ezgulik ko`zlagan, buyuk ustozlar.

Umr so`qmoqlari, go`zal beqiyos,
So`qmoqlarda yashirin,asl mashshaqqat.
Go`zallik oldida ep yecholmas, hech,
Bu zotlar buyukdir, shubhasiz buyuk.

Bolaligim

Bolaligim o`tkan chaman bog`larim,
Kulib,yig`lab yurgan onlarim.
Oltingga tengdir, podshlik davrim,
Bolaligim, beg`uborligim.

Otamining jajji malikasi bo`lganim,
Onamning xushruy, go`zal siyrati.
Quvonchlarda,buzarib kulgan onlarim,
Dam kulib,dam yig`lab turgan onlarim.

Vaqt

Vaqt bir daryo misli oqar ketar,
Bolalik, shodonlik olib ketar.
Qorg`inlik,vazminlik qo`lin tutar,
Vaqt esa jilmayib, tark etib ketar.

Elim

Qadri baland, qadrdon elim,
Qadring mangu, qadding tik.
Elatlar ichinda, sharafli shoning,
Tarixing esa buyuk jasorat.

O`zing yakka yagona elim,
Ko`zim ochib,ko`rdim ilk seni.
Ona vatan deya,suyib Vatanim,
Ulg`aydi bag`ringda, buyuk kelajak.

Amir Temurdek jangchilaring bor,
To`maris jasoratidek, farzandlaring bor.
Bugungi yurtni barpo etkan, buyuk kalomdir,
Qadding yuksaltirgan, farzandlaring bor.

Ko`rogoni jadvali, ila,
Gardishni, zabt etdi Ulug`bek.
12 yoshida taxtga o`tirib,
Dunyoni boshqargan Boburlaring bor.

Qalamin ila dunyoni bitgan,
Olamni titratgan, Navoiying bor.

Shirin so`z, eng oliy shifo aslida,
Mehr esa yurakning asl darmoni.

Tabiylik ila, ayladi sog`lom,
Buyukdir ,,Tib qonunlari``,
Buyukdir Abu Ali ibn Sinoying.

Shamollar

Osmon uzra oppoq bulut,
Quyosh sekin, botib jilmayar.
Esar sekin, ohista shamol,
Yuzim siypalab, shivirlar ajib.

Bu shamollar so`ylar,
Ajib hislarni.
Yuraklarni qitiqlar, goho,
Ajib taralgan, shamol sadosi.

O`z domiga tortadi, ular,
Daraxtlarni silkitib turib.
Raqslarga chorlaydi goho,
Men keldim, xursandman.

Meni kutib oling, deya taralib,
Xomush chinor sochlarin.
Tarardi, o`z nigohida,
Qushlar aytar xush kelding.

Esa qolgin zavqliroq,
Senda etgummiz parvoz.
Sen bilan uynagaymiz, shodon,
Qizg`in, jushqin esadi,
Quvontirib, qalblarni.

Yoshlar

Hech qolishmas, uzga yurtlardan,
Ko`zimizda olov, yurakda shijoat.
Yangilik ustida tinmay izlanib,
Prezdentimiz ishonchin, albat oqlaymiz.

Yurtimizni quchar, har damda,
Zafar onlari-yu, qutlug` bayramlar.
Tun-kun izlanib, bir dam,
Bir kuch bo`lib rivojlanar, yoshlar.

O`zbekiston, go`zal hur diyor,
Yoshlari bordir, ulkan safarbar.
Imkoniyatlar bizning yo`l chirog`imiz,
Bu yoshlar uchun g`urur iftixor.

Vatanim

Hislarim shamolida, uchgan dunyosan,
Yuragimda barq urib, yashnaganimsan.
Arosat yo`llarida, qo`limdan tutib,
Nurafshon chirog`im bo`lganim using.

Shamollar uchirar yurak hislarim,
Sen uzingsan tanho, using yagona.
Senga borib yetgaymi, oh nolalarim,
Yuragim turida using vatanim.

Bo`zlab yashamoqda, sening vaslingga,
Gardishing yagona, tuprog`ing buyuk.
Seni izlagayma, bo`lib parvona,
Gar, qanotsiz qushdekman.

Senga tamon uchar, sog`inch hislarim,
Bu hayollar qushlarga qiyos.
Qanotsiz qush bo`lolmasman hech,
Gar parvoz, etib qo`nsam tegrangga.

Tikilsam uzoq, xatmlaringga,
Gar bo`lsam-u go`zal bir baliq.
Dengizlar aro so`zzam qoshingga,

Gar, quyosh bo`lsam oningga.

Isitsam gozal, oshyonlaringni,
Oy bo`libon to`lib go`zaldek.
Tunlaringni yoritsam, har on,
Dilimda hislarim urar jush, urib.

Sening yoding ila, yashamoq onim,
Sening vasling ila ko`rmoq,niyatim.

Ilk kitob

Qo`llarimda edi, ilk olgan kitob,
Qalingina edi, go`zal muqova.
Ranglari esa beqiyos did,
Yozuvlari esa, og`ar edi goh.

Satrlarni to`ldirgan jumla,
Harflar tizilgandi, durlari misoli.
Dengizdek barq urar har choq,
Varoqlar so`zlagay go`zal shitirlar.

Muallif turardi basavlat,
Buyuk edi А.С.Пушкиннинг o`zi.

Bu kunlar

Qalbni og`ritgan mudhish,
Bu so`zlar-u..,
Bu kunlar,
Menga mungli boqadi.

Istiroblar to`ladir har on,
Sen ketting negadir olis.
Bu kunlar,
Bu so`zlar.

Hamon derazam, uzra muralar,
Sen bedil aylading, mahkum.
Shu ikki, zulmat poysizlar ila,
Tegramda turar, kulmaydi hech.

Chalar har tong, mag`zun kuyini,
Seni eslataman deya chog`lanar.
Saslarida yangrar sening ovozing.

Xatlar

Telbanomus yozgan xatlarim,
Turaverar javonlar uzra.
Seni bo`zlab eshik, termilar,
Sendan darak, yo`q hanuzgacha.

Yozaverar bu qalamlarim,
Seni yoding, xatlar uzra.
Seni kutib hamon bo`zlanar,
Chang tuzon, uzra yotardi.

Qani endi bir bora.
Koshonamga aylasang tashrif,
Seni pinhon ko`rib,
Bo`klardim men shod.

Kitob

Barcha sirlar senda jam,
Barcha ilm senda jam.
Bobolarim bilimi,
Senda jodir barchasi.

Haqiqiy do`st bo`lasan,
Va sirdoshim o`zingsan.
Qo`lim tutib chorlaysan,
Ajib,xush manzilingga.

Ichingdadir barchasi,
Ertak, qissa, romanlar.
Asarlaring, bir go`zal,
O`ziga aylaydi jo.

Seni o`qib tuymaydi,
Boloajon-u bobojon.
Qo`llarda ardoqlisan,
Kitobxondir chin do`sting.

Qalblarni zabt etasan,
Sehrgardirsan asli.
O`rgatgaysan hayotni,
Tanitgaysan oq-u qorani.

Bilimlarni beribon,
Yaratgaysan olimni.

Yomg`ir

Osmon tinmay, ko`z yoshlar to`kar,
Atrof shalabboda, xomush o`tirar.
Darding so`yla, cheksiz ey osmon,
Nega buncha ko`z yosh to`kasan.

Seni qaygumroh soldi bu kuyga,
Tinmay to`karsan, tim-tim ko`zyoshng.
Jilmay qani bir ko`ray endi,
Atrofimni qopladiku, qora bulutlar.

Seni ahvoling hali hanuz tang,
Bir og`iz so`ylashni, etgumsanda jim.
Darding to`k, men tinglagayman,
So`zlashaylik sen bilan uzoq.

Osmon sekin boshin ko`tarib,
Kuz keldi, menga keltirdi qayg`u.
Paymonasi to`la, ko`zlari ila,
Bag`rimni to`ldirdi, to`la qayg`uga.

Tun

Tun quynida, cho`mdi sukunat,
Ohista shamol, esadi mayin.
Ko`kda oy, termilib mudrardi hanuz,
Chigirtkalar sekin, kuyin chaladi.

Sokin tun allasin, ohista taratib,
Olamni uyquga, ohista cho`mar,
Suvlar shitir etib, oqadi sekin,
Mayin shabbodada, tun tilar.

Tunda chitirlar, mayin yaproqlar,
Tonggacha hanuz so`zlashar bot,bot,
Chor atrof ham borar xush-ohang,
Tun cho`kadi, sekin domiga.

Lolaqizg`aldoq

Meni bag`rim tilgan,o`sha to`p alvon,
Tikonlarsiz uyding, mening qalbimni.
Yaproqlaring uzra, tutib qo`limdan,
Qo`llarimda qoldi, mayin iforing.

Seni gar olsam, uzoq yodimga,
Hayolimga kelar, sokin ma`yuslik.
Seni alvonlaring, eslatar hanuz,
O`sha go`zal onlar-u,
Jilmaygan chehra.

O`zga gulga bo`lmam, hech oshiq,
Qalbim seni deydi ohista.
Lolajon, lola, lolaqizg`aldoq.

Murg`ak dil

Murg`ak dilim to`ladir,
Orzu umidlar.
Barq urib yashnagay,
Tilaklar ezgu.

Orzular ichinda,
Qilarman parvoz.
Kuylar taralar,
Biz go`zal ohang.

Orzular kuyin,
Chalar dilimda.
Shu ezgu diyorda,
Bo`lsam har choq shod.

Dilimda yashagay,
Shunday uy hayol.

Adabiyot

Qalbimda ochilding,
Misli, nihol chirog`im.
Vujudimni to`ldirding,
Ajib sehr tuyg`uga.

Sening olaming, ila,
Yashayapman bo`lib shod.
Manziling mo`jiza,
So`zlaring sehr.

Dilimni to`ldirding,
Turfa ohangga.
Sening ila kular,
Bo`libon mamnun.

Adabiyotim mening,
Yasha mening qalbimda.
Senga bo`lib men maftun,
Yaratgayman, Nazmni.

Gulzorda

Nurafshon kechalarda,
Qalbim taskini, senda.
Oydin ko`chalarda,
Xushbuy hidligim, senda.

Senda jodir barchasin,
Qalbim ko`zgusi, senda.
Gullaring shaydo aylar,
Nafis ranglari, ila.

Kapalaklar ajabon,
Parvozlar etar, jushibon.
Gulchambarlar yarashgan,
Go`zal gulzorim mening.

Dunyo

Bu utkinchi dunyo,
O`tib ketadi.
Dur-u zarlarin,
Olib ketadi.

Shuncha sultonlardan,
Qolgan bu dunyo.
Siz-u bizdan ham,
Qolib ketadi.

Yig`lab, uksinib yashamoq,
Nechun
Bugun o`tsa erta kelaveradi,
Bu kungil g`ami ham,
Bo`ladi unut.

Ertangi kun kulib kelaveradi,
Bu karvonboshi to`xtamas, also.
Bizsiz ham bu quyosh chiqaveradi,
Tun-u, kunlar berib qo`l, aylanaverar.

Falak esa jim qolaveradi,
Meni shodon qarshilab olgan,
Bu dunyo.
Ertaga mensiz kulaveradi.

Yurak

Yurak seni ko`rmoq istamas,
Lek, qo`llari uzra sening sur`ating.
Nega jovdirab boqasan hanuz,
Unutdim deya yig`laysan, nega.

Nega shunchaki quymaysan, unutib,
Shamollar kelsa quygil meni, tinch.
Deya, asragaysan yurak qo`ringda,
Yomg`ir kelib qolsa, nogohon.

Oqizib ketmagin, deysan yolvorib,
Charaqlab quyosh chiqsa boshingga.
Kuydirib utmagin deysan,taningni,
Tunlardan qizg`onib bag`ringga bosib.

Kunlardan iymanib, yashirib quyib,
Bunchalik intizor bo`lmagin yurak.
Seni unutdiku butgul unutdi,
Ortiga qaytmas bo`lib unutdi.

Sen e`zozlab kutgaysan nega,
Yaxshi ko`rasanmi shunchalar,uni.
Ishq ummoni begoni, endi,
Sevgining bahori qoqmas eshiging.

Hatto yo`qlab kelmas, bir gado seni,
Seni istaging shul edimi, yo.
Bevafolar ketar, ul manziliga,
Bedarak atalmish ul manzillari.

Ona seni sog`indim
[kelinchakning so`zlari]

Ona bugun seni sog`indim,
Dunyolarga sig`mas bo`lib sog`indim.
Ichimda alamlar tirnab sog`indim,
Ko`z yoshlarim daryo bo`lib,sog`indim.

Boshim qo`yishga yo`q, issiq tafting,
O`zga manzil,o`zga insonlar.
Qadring bilib bo`zlab yasharman,
Sen bilan utkan har onim, suyuk.

Suyuk onlarim ham bo`ldi,armonim,
Sen kabi chin dildan suymadi meni.
Soxta dillar izhor etkan sevgisi,
Lahzada uchdiyu meni tark etdi.

Ahvolimga boq, ona, sensiz turibman,
Huddi bir suvsiz guldekman,
Sen ekan, menga hayot suvim, ham,
Kundan-kun so`lib boryapman, ona.

Sening mehringsiz sinib boryapman,

Dilim tirnaydi alamlar tinmay.
Seni sog`ingan, yurak uksinar,
Vaslingga yetishga mushtoq talpinar.

Ona seni sog`indim rossa,
Oramizda bordir jarliklar.
Jarliklar meni komiga tortar,
Seni sog`inib utolmam, hech ham.

Atrofim to`ladir, zolim dillarga,
Kulib meni aldar hamisha.
Sen kabi rostgo`y, mehribonimni,
Topa olmadim, bu manzillardan.

Ona seni sog`indim yana,
Yuraklarim to`ldiku qonga.
Sensiz utayotkan har lahzam menga,
Beradi ulkan iztiroblarni.

Ko`z yoshga to`lgan kunlarim,
Seni izlab qumsam, bordim yoningga.
Betob bo`lib og`ringan oning,
Bo`lolmadim, shifoying sening.

Joningga oro bo`ldimmi, qachon,
Yoningga qo`l tutib turmadim, nega,
Iztirobli atrof ichinda, zindonband,
Bo`lib yashashni, bitti taqdirim.

Men ojiz, kichik bir qush misoli,
Uzim uraman devorlar, misli.
Sening bag`rinnga ulg`aygan nihol,
Sening tafting ila qumsab yashayman.

Shum taqdir meni sendan ayirdi,
Lahza, zum, choraklar yillar ta`timas.
Baxtsiz zindonda, jonsizdek tanim,
Seni pinhon ko`rmoq istar yuragim.

Yosh shoira

Qalbimadadir izhorim,
She`r bo`lib yangragaydir.
Dilimdadir so`zlarim,
Qalb qurimga kuchgaydir.

Jush urgaydir har nafas,
Tinchimas hech solib, jum.
To`lib toshib zavqlanar,
She`riyatga izhorim.

Shoiraxon singari,
Bo`lsam har choq so`zlarda.
Oltin yo`lingiz tutib,
Bo`lsam shoira qizingiz.

She`riyat bo`stonida,
Etsam parvoz tinmasdan.
Mavj urar qalbimdagi,
Ulkan go`zal g`alayon.

Urush

Osmonni qoplab bir zum,
Qora tun-u, qarg`ishlar.
Janglar avjiga chiqqan,
G`anim ko`zi to`la qon.

Olamni cho`mdi-ku,
Qahr zulmat chirog`i.
Ayovsiz bu urushlar,
Halok ayladi, elni.

Vayronadir el uyin,
Murdalar yotar jonsiz.
Daryolar quribon,
Oqadi, to`ldirib qon.

Urush qatag`onlarda,
Bo`ldi jonsarak bola.
Izillab ko`z yosh to`kib,
Izlar Ota-onasin.

Ayol

Hadiklar ichida yashagan ayol,
Yuzlarida ajin-u, mungli g`alayon.
Ko`zlarida shashmaqator yoshlar,
Hayotga o`ksinib yig`lab boqadi.

Suhbatida bordir, to`la alamlar,
Alamlarni simirib ichib.
Sabrning bekasin bo`la olganin,
Boshlarida harir eski ro`moli.

Egnida hilpirar, yamoqli,
Bichilgan o`sha, onasining kuylagi.
Qo`llari qadog`dan chok bitib, olgan,
Yumushlardan horib qoraygan.

Oyoqlarida eski mahsiyu, kalish,
Erta tongda yo`l olibon.
Dalaga yuzlanib chiqar har tongda,
Ko`zlariga cho`mgan,
Ulkan bir ma`yuslik.

Quvonchdan porlashni,also bilmaydi,
Hadiklar ichida bo`zlab yashagan
Ayol.

Matonatli qiz
[Hamrayeva Husniyaga]

Yuzlari gulgun-u, ko`zlar mehrli,
Har ishda ildam-u, so`zlar sehrli.
So`zlari ila aylaydi maftun,
Matonatli qiz kuch sabrli.

Yuzlaridan yog`ilmish mehr ila nur,
Yuzlarida bordir go`zal kulgichlar.
Mehr ila boqar, go`zal bir mungli,
Matonatli qiz kuchli sabrli.

Sabri yaralmish metin iroda,
Ota onasining tirgak suyanchig`i.
Onasining dastyor ishonch so`zidir,
Matonatli qiz kuchli sabrli.

O`n o`g`il bo`lmish buyuk jasorat,
Lek, o`n o`gil o`rnin bosar bir o`zi.
Har ishda chaqqon-u, peshqadam o`zi,
Matonatli qiz kuchli sabrli.

Har yerda jaranglar uning ismi,
O`rni bordir beqiyos, go`zal.

Kasbining kuchli egasidir-u,
Matonatli qiz kuchli sabrli.

Har kimga berar, beminnat yordam,
Ma`suliyat ila, yondashar har dam.
Ishida bordir, chin muvafaqqiyat,
Matonatli qiz kuchli sabrli.

Onam allasi

Bedor oqshomlarni,
Sukutga chorlab.
Raqslarga cho`mibon,
Sekin allalar,
Onamning beg`ubor,
Go`zal allasi.

Tunlar sekin mudrab
Ohista.
Botib borar,
Billur koshonasiga.
Alla ohangida,
Mo`jaz bir sehr.
Allalab qo`yar,
Go`zal oyni ham.

Ohanglar taralar,
Kuylar misoli.
Alla esa yangrar,
Barhayot alla.

Yurak qo`shig`i

Yuragim to`ldirib keldi,
Alla nimadur.
Jumbushga keltirar,
Qalb qurimni ham.
Yon atrofda bo`lsa,
Go`zallik.
Qo`shlar sayrasayu,
Essa shamollar.

Yaproqlar shitirlab,
Etsalar suhbat.
Goh-gohida yuzim siypalab,
O`tib ketsa tim-tim yomg`irlar.
Tinglab turib, bir oz,
Etsam qani, bu go`zal,
Suhbatlar davrasida, men.

So`zlarini olib tilimga,
Dilimga jo aylab.
Etsam nazmlar,
Osmonda ho-ho deb,
Kular damba-dam.
Ulkan issiq tafti ila,

Quyosh jilmayar.

Atrof to`la ajib ohanglar,
Qani endi men bo`lsam-u.
Bir go`zal dildoshing,
Bu maftunkorlar ila.
Bo`lurman men shod,
Dilimni to`ldirar ajib hislarga.
Ko`z qirim tashlasam-u,
Aylansam, go`zal yaproqqa.

Qalamim siyohi tugamasa gar

Qalamim siyohi,
Tugamasa gar.
Hali ko`p tong,
She`rlar bitaman.

Tongda qalbimni,
Chertib kelganda.
Tungacha nazmlar,
Bitib yashayman.

Qalamim siyohi,
Tugamasa gar.
Ota-onam duosin,
Olib yashayman.

O`zingizdek go`zal,
Izdoshi bo`lib.
Zulfiyaxonim qizi,
Shoira,bo`lib yashayman.

Qalamim siyohi,
Tugamasa gar.
Nazmlar bo`stonda,

Etgum parvozlar.

Betakror shoira,
Bo`lish istagi.
Yuragimdan nazmlar,
Bitib yashayman.

Qalamim siyohi,
Tugamasa gar.
Go`zal kunlar uchun,
Allohga shukurlar.
Aytib yashayman,
Zulfiyxonim,
Izdoshi bo`lib yashayman.

Alamlar dastasi

Bo`g`zimga tiqilar achchiq,
Alamlarning dastasi.
Ko`zimdan lek, chiqmas,
Alam yoshlari.

Ketmoqdaman anhor bo`yida,
Dardlar iskanjasi.
Men kutar,
Ochib qulochlar.

Anhor sokin,
Menga boqib turar alasda.
Yon atrofda to`ladir,
Dardlar guldasta.
Hayotning eng zur tuhfasi,
Balki shudir, bizlarga.

Aktyor

Kinoning bosh roliga,
Aniqlandi, u aktyor.
Yuzida kulgu, chopar,
Atrofga qarab, alang.

Quvonchlari sig`mas, ichiga,
Bosh ro`ldaman, men uzim.
Degan so`zlar takrorlar,
Rejjissor kelib, shul dam.

Tutqazdi, ulkan papka,
Buni ko`rgan aktyor.
Varoqlar xursand, cho`chib,
Ko`pligini ko`ribbon.

Uchib ketti kapalagi,
Shodon osmonni quchgan.
Aktyor yerga tushdi,
Rejissor yelkasin, qoqib.

Da`dil mehnat,tiladi,
Aktyorning ko`zida.
Xadiklar jush urardi,
Quvonchim qayga ketti,
Deya garang sirardi.

Muhabbat

Men muhabbatga, yuzlanib bo`ldim,
Qalbning bog`larida, sayr etib bo`ldim.
Muhabbat so`zidan yaralgan, diyor,
Chaman gulzorlarni sevib ham bo`ldim.

Muhabbat pok ko`ngil gushalarida,
Yashnab quvongaydir.
Topkaydir shonlar,
Muhabbat sarchashmasi suvidan ichib,
Yashagaydir umri barhayot.

Hadiksiram yuzdagi, kulgu

Yuragimni o`rtagan o`sha,
Hadiksimon yuzdagi kulgu.
Uylabla, anglamas lekin,
Hadiklar og`ushi.
Nelardan darak,

Hanuz bu oftobda,
Yaltiragan yuz.
Iymanib boqmaydi,
Mening yuzimga.
Alanglab quyar,
Chor atroflarga.

Nelarni istar,
Bilmam hech hanuz.
Yuragmni o`rtagan, o`sha,
Hadiksiram yuzdagi, kulgu.

To`p gullar

Har tong derazamning,
Yonida to`p-to`p.
Go`zal suhbatlar etib,
Shivir-shivirlar etar.

Yaproqlarin yoygancha,
Qarshimda meni,intizor kutar.
Ranglari biram go`zal,
Betakror ajib.

Ranggi oqqa o`xshamas,
Osmonga tikilib, dam.
Osmondan olgan ranggin,
Desam moviy rangdamas.

Alvonlari qip-qizil,
Yanoqlari gullola.
Deya, so`zlasam bir dam,
Qizil rangda emasdur.

Siyohlarning donasi,
Go`zallarning durdonasi.
Siyoh rangda gul yaproq,

Yarashgandir,ranglari.

Iforlari bir xushbuy,
Meni ko`rsa taratar.
Tongda meni kuribon,
Barq urib yashnagaydir.

Bahramand bu dilimga,
Xushchiroydir, bu gullar.
Tongda dimog`im,chog` etkan,
O`sha go`zal tup gullar.

Zamin tuhfasi

Zamin uzra yaralgan,
Turfa ranglardadir, jo.
Saharda moviy bo`lib,
Raqsga chorlaydi shamol.

Peshin Quyosh qo`lin tutib,
Tango raqsin etar tuhfa.
Mevalarni g`arq pishirib,
Issitkaydir olamni.

Sekin Oqshom, kutar uni,
O`rindiqda utirib.
Moviy kuylaklari bilan,
Chog`lanar oqshom tomon.

Shamollarni chorlabon,
Qushlar sayrar shu damda.
Salqin havo etar baxsh,
Kurishguncha deyar sekin.

Tun yoniga borar,
Tashlab qadamlar.
Tim moviy kuylak bilan,

Berar bezak yulduzlar.

Qasavasi bichilgan,
Bejirim to`linoydan.
Oqshom nurga chog`lanib,
Tun uyquga cho`madi.

Uchrashuvlardan keyin,
Mudrab orom oladi.

Mundarija

Behbudiy nomi sharafli shoni	3
Onajonginam	5
Injudek so`zlar	7
Chinoroyim	8
Hayot zarvaraqlari	9
Onajon	10
Buloq	12
Do`stlik	14
Qalb nidosi	16
Orzular	18
Xusnora qiz	19
Xush kelding bahor	20
Opam	21
She`riyatga oshno bu qalbim	22
Qalamkash	24
Yog`och eshik	25

Qishlog`im	27
Fasllar tuhfasi	28
So`zlar	29
O`zbekman	30
Sayohatchilar	31
Umr so`qmoqlari	32
Bolaligim	33
Vaqt	34
Elim	37
Shamollar	37
Yoshlar	38
Vatanim	39
Ilk kitob	41
Bu kunlar	42
Xatlar	43
Kitob	44
Yomg`ir	46
Tun	47
Lolaqizg`aldoq	48
Murg`ak dil	49

Adabiyot	50
Gulzorda	51
Dunyo	52
Yurak	53
Ona seni sogindim	55
Yosh shoira	58
Urush	59
Ayol	60
Matonatli qiz	62
Onam allasi	63
Yurak qo`shig`i	64
Qalamim siyohi tugamasa gar	66
Alamlar dastasi	67
Aktyor	69
Muhabbat	70
Hadiksiram yuzdagi, kulgu	71
To`p gullar	72
Zamin tuhfasi	74

**Saidqulova Nozima To`lqin qizi
17.02.1999 yil
Qashqadaryo viloyati Qarshi shahar
Qarshi Muhandislik-Iqtisodiyot
instituti
3-bosqich talabasi**

www.ingramcontent.com/pod-product-compliance
Lightning Source LLC
LaVergne TN
LVHW010604070526
838199LV00063BA/5065